Schöner Wohnschmuck selbstgemacht

Schöner Wohnschmuck selbstgemacht

tigris

SCHÖNER WOHNSCHMUCK – SELBSTGEMACHT

Konzept und Texte: Elisabeth Balz
Gestaltung: Tigris Verlag
Styling: Maria Straatman, Bocholt
Fotos: Tigris Verlag
Titelentwurf: Rincón Partners, Köln
Titelmotiv: Heinrich Bauer Verlag, Hamburg
Reproduktionen: ORD Offset-Reproduktion, Gronau
Gesamtherstellung: Mainpresse Richterdruck, Würzburg

Printed in West Germany
ISBN 3-632-98923-0

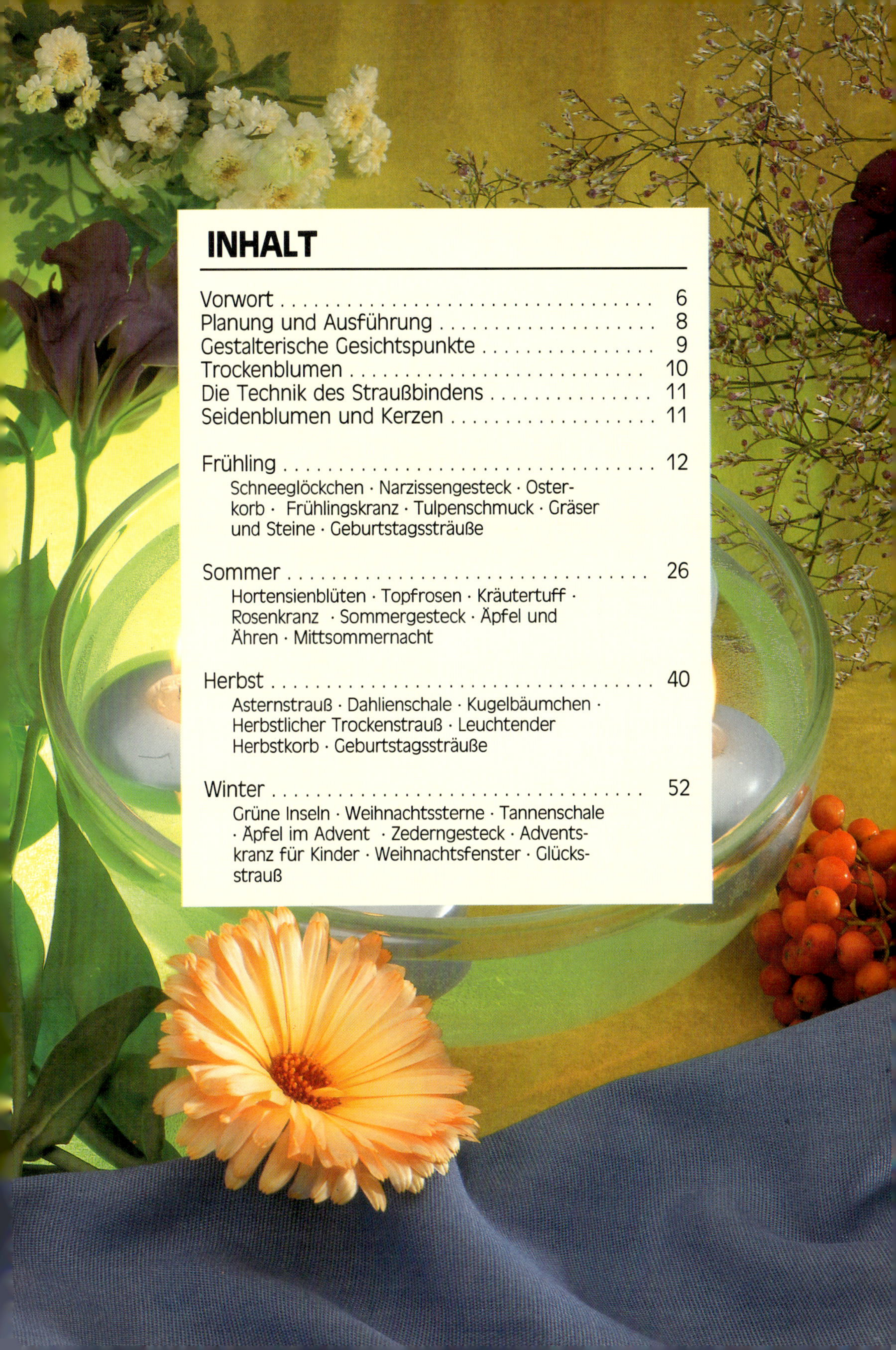

INHALT

Vorwort

Erst Blumen und Pflanzen schaffen im Haus eine wohnliche und behagliche Atmosphäre. Die Vielfalt der Farben und Formen ermöglicht eine unbegrenzte Zahl an Kombinationen: Vom einfachen Strauß bis hin zum aufwendigen Gesteck oder Kranz und zu phantasievollen Arrangements mit anderen Naturmaterialien reicht die bunte Palette der Wohnschmuckideen. Auch die typischen Stimmungen der vier Jahreszeiten können anhand von Blumen und Pflanzen nachempfunden werden.

Neben vielen Anregungen finden Sie in diesem Buch auch Anleitungen zu verschiedenen Techniken, mit deren Hilfe Sie immer neue Variationen gestalten können. Wenn Sie dabei einige formale Anforderungen beachten und die grundlegenden Bedingungen kennen, werden Sie lange Freude an Ihren selbst angefertigten kleinen Kunstwerken haben.

Planung und Ausführung

Eine wesentliche Grundvoraussetzung für das gute Gelingen eines Pflanzenarrangements ist die gezielte Planung.
Am Anfang steht die Entscheidung, ob Sie ein repräsentatives Gesteck, eine dekorative Vasenfüllung, einen schönen Strauß oder einen bunten Kranz fertigen wollen. Dabei ist auch der geplante Standort zu berücksichtigen. Auch wenn der Blumenschmuck noch so schön ist – ein falscher Standort nimmt ihm viel an Wirkung. Ebensoviel Wert sollte auf die Größe, zum Beispiel eines Gesteckes, gelegt werden. Sie sollte in jedem Fall auf den späteren Standort abgestimmt werden. Legen Sie auch großes Gewicht auf die Farbabstimmung. Für die richtige Farbauswahl ist sowohl die jeweilige Wohnungseinrichtung als auch der individuelle Anlaß ausschlaggebend.

Arbeitsmaterialien

In der Regel dürfte die Auswahl der Gefäße keine großen Schwierigkeiten bereiten. Neben den speziell zum Arrangieren von Blumen angebotenen Gefäßen finden Sie auch in Ihrem Haushalt geeignete Behälter wie zum Beispiel Flaschen, Gläser, Schalen oder ungewöhnliche Formen wie ausrangierte Terrinen, Backformen, Steinkrüge und Töpfe.

Nach dem Gefäß richten sich auch die Steckhilfsmittel. Für kleinere, flache Gefäße eignet sich sehr gut ein Blumensteckschwamm. Diese Kunststoffmasse wird in Ziegelform in Blumenfachgeschäften angeboten. Sie läßt sich einfach mit dem Messer zurechtschneiden. Der Block wird nur auf die Wasseroberfläche gelegt und nicht untergetaucht. So kann die Luft besser entweichen, und das Wasser wird schneller aufgenommen. Dieser Steckschwamm hat jedoch einen Nachteil: Die Löcher, die durch die Blumenstiele entstehen, schließen sich nicht wieder.
Eine Steckhilfe für größere Gefäße ist der Maschendraht. Sie erhalten ihn in Eisenwarengeschäften und Gartencentern. Er ist weich und läßt sich ohne Mühe in jede Form biegen.

Bei hohen Vasen und wenigen Blütenstielen ist ein Maschendrahtknäuel, das den gesamten Vasenhals ausfüllt, zu empfehlen. Ein stabiler Stab, der so durch die Maschen geschoben wird, daß er am Rand aufliegt, verhindert beim Stecken, daß der Draht in die Vase rutscht.
Für wasserdichte Gefäße kann man als Steckhilfe einen »Blumenigel« verwenden. Der Blumenigel ist ein Nagelblock, der ursprünglich aus Japan kommt. Er sollte nicht zu klein sein, da schwere, dicke Stiele sonst keinen sicheren Halt finden.
Als Werkzeug benötigen Sie nur wenige Hilfsmittel: Draht, Bast, eine Haushaltsschere, eine Gartenschere und eventuell eine Drahtschere zur Verarbeitung des Maschendrahtes. Auch sollte ein großes, scharfes Messer nicht fehlen.

Gestalterische Gesichtspunkte

Pflanzenformen

Gestecke wirken nur schön und harmonisch, wenn die Wertigkeit und die Geltungsform der Blüten und Pflanzen Berücksichtigung finden. Verschiedene Formen sind zu unterscheiden. Zu den sogenannten »aktiven« Formen gehören:

- Edelformen wie Lilien, Anthurien und Orchideen
- aufstrebende Formen wie Rittersporn, Löwenmaul oder Gladiolen
- Solitärformen wie Herkulesblumen oder Kaiserkrone
- ausschwingende Formen wie Tränendes Herz, Wikken und Freesien
- flächige Formen, wie sie die meisten Blätter, einige Blüten und viele Fruchtformen aufweisen
- lineare Formen wie Zweige, Gräser und Ranken

Zu den »passiven« Formen zählt man:
- lastende Formen wie Dahlien, Nelken oder Hortensien
- hängende Formen wie Columnea oder Efeu
- Gemeinschaftsformen wie bei fast allen Sommerblumen, Veilchen und Beetpflanzen.

Blumen der aktiven Form sollten nur stufig angeordnet werden und einander nicht verdecken, sonst würden die Gestecke überladen wirken. Die passiven Formen dienen dazu, dem Gesteck Fülle und Ausgewogenheit zu geben.
In einem Arrangement sind die Leerräume gestalterisch sehr wichtig, um eine geordnete und klare Struktur zu erzielen. Eine Blume, die zur Gruppe der Edelformen gehört, kommt zum Beispiel nur mit Stengel und Blatt voll zur Geltung. Alles hinzukommende Material begleitet diese Blüte nur und spielt eine untergeordnete Rolle.

Harmonie durch Proportionen

Das Größenverhältnis zwischen dem Gefäß und den darüber aufragenden Blumen sollte möglichst nicht 1:1 betragen. Ein Verhältnis von etwa 1:1,5 bis 1:2 wirkt optisch besser. Spielerisch-lineare Formen dürfen sogar das Verhältnis 1:2 überschreiten. Bei großen, kompakten Blumen sollte es jedoch nicht größer sein.
Dieses Gestaltungsprinzip können Sie am leichtesten einhalten, wenn Sie die aktiven Formen zuerst stecken und anschließend die passiven hinzufügen. Eventuell sichtbare Steckhilfen können Sie zum Schluß mit Moosen, Blättern oder Steinen abdecken.
Keramikgefäße, die erst durch Struktur und Farbe zur Wirkung kommen, erfordern mehr und längere Blüten als zum Beispiel ein gleichhohes Glasgefäß.

Trockenblumen

Das Herstellen von Trockenblumenschmuck ist nicht nur ein schönes Hobby, sondern eine ideale Möglichkeit, den Blütenreichtum und die Farbenpracht des Sommers für die kälteren Jahreszeiten zu konservieren.
Am besten sind die Blumen zum Trocknen geeignet, die kurz vor dem Höhepunkt ihrer Blüte gepflückt werden. Sehr empfehlenswert sind Schafgarbe, Rainfarn, Schleierkraut, Sonnenflügel, Rosen, Immortellen, Strohblumen, Lampionblumen und Hortensien. Es gibt verschiedene Methoden, Pflanzen zu trocknen. Die einfachsten und deshalb auch die gebräuchlichsten sind das Trocknen an der Luft und die Konservierung mit Glyzerin.

Das Trocknen der Pflanzen an der Luft

Bei der Lufttrocknung wird den Pflanzen langsam das gespeicherte Wasser entzogen, so daß sie schrumpfen. Was frisch noch ein großer Strauß war, ist nach dem Trocknen zum kleinen Gebinde geworden.
Zuerst müssen Sie von allen Blumen möglichst viele Blätter entfernen. Dabei sollten Sie sehr behutsam vorgehen, damit die Stiele nicht beschädigt werden.

Dann werden die Blumen gebündelt und mit einem Gummiband zusammengehalten. Der Vorteil eines Gummibandes liegt darin, daß es sich beim Trocknen zusammenzieht und der Strauß so seine Form behält. Der ideale Trokkenplatz ist ein warmer, dunkler und luftiger Dachboden, wo ein leichter Luftzug die Blüten umspielen kann. Hängen Sie die Sträuße mit den Köpfen nach unten auf. Wer die Blumen in der Wohnung trocknet, sollte auf jeden Fall Sonnenplätze am Fenster meiden, denn da verblassen die Farben.

Konservieren mit Glyzerin

Laubzweige und Buchsbaum sowie kräftigere Hortensienblüten kann man in Glyzerinlösungen trocknen. Junge Blätter sind jedoch ungeeignet für diese Methode. Die Pflanzen müssen außerdem stark und fest sein und sollten zu Beginn des Herbstes gepflückt werden.
Das geschmeidige Konservierungsmittel steigt in den Pflanzen auf und ersetzt das vorhandene Wasser. Blätter und Blüten fühlen sich getrocknet ein wenig fettig an, die Farben schillern effektvoll. Zuerst müssen Sie die Zweigenden oder die holzigen Blütenstengel mit einem Messer tief einkerben. Dann geben Sie zwei Teile Wasser und ein Teil Glyzerin in ein Gefäß und stellen die Pflanzen hinein. Nach drei Wochen ist der Konservierungsprozeß abgeschlossen.

Die Technik des Straußbindens

Um einen schönen, gleichmäßigen Strauß zu bekommen, nehmen Sie zunächst zwei Blumen in die linke Hand und halten sie schräg übereinandergelegt mit Daumen, Zeige- und Mittelfinger fest.

Alle weiteren Blumen werden nun quirlförmig um die ersten Stiele gelegt. Das füllende Beiwerk ordnen Sie jeweils an den passenden Stellen mit ein.

Damit der Strauß wirklich gleichmäßig wird, muß er während des Bindens von Zeit zu Zeit gedreht werden. Über den Schnittpunkt der Stiele binden Sie zum Schluß einen Bastfaden, damit der Strauß – auch später in der Vase – seine einmal festgelegte Form behält.

Seidenblumen und Kerzen

Seidenblumen werden oft mit kitschigen Kunstblumen aus Papier und Plastik verglichen und deshalb abgelehnt. Dies ist nicht richtig, denn Seidenblumen sind vom Material her sehr edel und werden in mühevoller Handarbeit angefertigt. Bei den Farben gibt es inzwischen eine ebenso große Vielfalt wie bei den frischen Blumen. Kombinieren Sie doch zum Beispiel einmal Seidenblumen mit frischen Blumen zu einem farbenfrohen Strauß - eine wirklich reizvolle Kombination.

Auch Kerzen lassen sich mit Blumen zu dekorativen Arrangements anordnen. Dabei ist es wichtig, daß die Kerzen dominierend sind: aus optischen und aus Sicherheitsgründen, damit sie, ohne Schaden anzurichten, abbrennen können. Natürlich müssen die Kerzen senkrecht stehen: Schräg gesteckte Kerzen sehen nicht gut aus und tropfen auch sehr stark. Häufig werden kleine Zweige rechtwinklig zur Kerze angeordnet: So sieht es hübsch aus, und die Zweige geraten nicht zu nah an die Flammen.

Frühling

Das Aufblühen der ersten Schneeglöckchen ist ein sicheres Zeichen: Der Frühling ist da! Nach einem langen Winter freuen wir uns über das erste zarte Grün junger Bäume, über die frischen Farben der Narzissen, Tulpen und anderer Frühlingsblüher.

Schneeglöckchen

Die ersten Boten des Frühlings sind in unseren Breitengraden die zarten Schneeglöckchen. Sie zeigen an, daß die kalte Jahreszeit bald zu Ende geht. Um recht lange Freude an diesen Frühlingsblühern zu haben, verwenden Sie für das Arrangement vorgetriebene Blumenzwiebeln. Legen Sie die Schneeglöckchen in eine flache Schale. Zum Abdecken der Erde können Sie etwas Moos oder einen kleinen Bubikopf verwenden. Wer den Farbkontrast liebt, kann die Schneeglöckchen zum Beispiel in eine schwarze Schale setzen und das Moos mit weißen Kieseln bedecken.

Selbstgezogene Kräuter

Auch wenn Sie kein stolzer Gartenbesitzer sind, müssen Sie nicht auf frische Kräuter verzichten: Ziehen Sie sie auf der Fensterbank. Dazu säen Sie den Samen in Blumentöpfe mit feuchter Erde. Ein mit der Öffnung auf die Erde gestülptes Glas ermöglicht optimale Wachstumsbedingungen. Je heller der Standort, desto besser, denn das Licht spielt für das Gedeihen der Pflanzen eine große Rolle. Als Pflanzgefäße eignen sich außer Blumentöpfen kleine und große Gefäße, für die Sie sonst vielleicht keine Verwendung mehr haben. Ihrer Phantasie sind dabei keine Grenzen gesetzt.

Narzissengesteck

Im Frühjahr kann man sich einen Garten ohne Narzissen kaum vorstellen. Wie schön sie einen Raum schmücken, zeigt unser Foto. Für dieses Gesteck sollten Sie eine runde, flache Schale wählen. Alle Blüten und Zweige werden so gestellt, wie sie natürlich gewachsen sind. Damit die hohlen Stiele der Narzissen beim Einbringen in die Steckmasse nicht abbrechen, sollten Sie kleine Löcher mit Holzstäbchen vorbohren.

Bei sehr vielen Blüten sind zwei Steckigel notwendig. Die samtig wirkenden Stiefmütterchen werden zuerst als Strauß zusammengebunden und finden so auf dem Igel leichter Halt.

Der längere Birkenzweig ist schräg angeschnitten, so daß er sich problemlos in die Steckmasse drücken läßt. Ganz dicke und vor allem holzige Stiele werden vorher aufgespalten.

Osterkorb

Mit dem Frühling ziehen die hellen Farben wieder ein: Grün und frisches Gelb dominieren. Kleine und große Tulpen – hübsch in einem Osterkorb arrangiert – sind sehr dekorativ. Dazu können Sie Narzissen, Hyazinthen, Primeln, Iris und Schneeglöckchen gruppieren. Zwischen den Blumen wippen zierliche Schmetterlinge aus Federn, die an dünnen Drähten befestigt sind. Lackierte Plastikeier, auf Holzstäbe gesteckt und mit duftigen Tüllschleifen geschmückt, machen diesen Strauß zum festlichen Osterschmuck.

Als erstes setzen Sie die großen Tulpen in den Korb. Dann ordnen Sie die übrigen Pflanzen nach der Größe gestaffelt an. Zum Schluß folgen die Accessoires.

Frühlingskranz

Eine weitere Möglichkeit, Blumen hübsch zu arrangieren, ist die Herstellung eines Tischkranzes. Dank der Erfindung von Kranzunterlagen, die aus einem grünen Plastikring und einem Einsatz aus Blumensteckmasse bestehen, halten sich Tischkränze sehr lange und sind leicht anzufertigen.

Um das Stecken zu erleichtern, muß sich der Kranz mit Wasser voll gesogen haben. Es empfiehlt sich, für die Außenseite des Kranzes große Blätter und für die Innenseite kleine zu verwenden. Bedenken Sie, daß Sie für einen Kranz eine größere Menge an Blüten und Beiwerk benötigen als für einen Strauß. Um die Menge etwas einzugrenzen, können Sie buschig gewachsenes Beiwerk und große Blüten verwenden.

Damit Sie die Schönheit des Kranzes lange Zeit genießen können, sollten Sie ihn jeden zweiten Tag für etwa zwei Stunden in eine mit Wasser gefüllte Schüssel setzen.

Tulpenschmuck

Eine originelle Art, Blumenschmuck mit Tulpen zu gestalten, ist die Anordnung in einem »Glashafen«. Die Wirkung beruht hauptsächlich auf der üppigen Vielzahl der Blüten. Halt finden die Tulpen in einem Meer von farbigen Glasmurmeln.

»Glashäfen« in den unterschiedlichsten Formen und Größen bekommen Sie im zoologischen Fachhandel als Aquariengläser. Überprüfen Sie diese zuerst auf undichte Stellen. Eventuell vorhandene Löcher in den zusammengeklebten Scheiben der Aquarienwände können Sie ohne großen Aufwand mit »Wasserglas« oder farblich entsprechendem Silikon – beides erhalten Sie in Bastelgeschäften – ausgießen.
Natürlich läßt sich diese Idee auch mit Seidenblumen sehr gefällig verwirklichen.

Gräser und Steine

Gläser als transparente Blumentöpfe wirken wie kleine exotische Wassergärten. Bepflanzen Sie mehrere Glasgefäße – runde, eckige, hohe oder niedrige – zum Beispiel mit zarten Gräsern. Dazu eignen sich Sumpfpflanzen wie Papyrus und Zyperngras genausogut wie Frauenhaarfarn und Sinse. Die Pflanzen werden mit ihrem Topf in das Glasgefäß gesetzt. Um diesen dekorativ zu verdecken, werden große und kleine Steine eingefüllt, die das Arrangement im Glas zu einer harmonischen, natürlich wirkenden Einheit werden lassen.
Auf diese Art und Weise können Sie sich auch die ersten Frühlingsgräser in die Wohnung holen. Dazu bedecken Sie den Boden eines Glasgefäßes mit Moos und setzen die Gräser vorsichtig hinein. Achten Sie dann nur auf ausreichende Feuchtigkeit des Mooses.

Wenn es zum Stil Ihrer Einrichtung paßt, benutzen Sie weiße Steine, denn diese betonen das Grün der Pflanzen ganz besonders.

Legen Sie mehrere Lagen Moos übereinander. Damit können Sie auch bepflanzten Blumentöpfen einen sicheren Halt geben.

Blumen zum Muttertag

An ihrem Ehrentag sollten sich die Mütter nicht nur mit einem liebevoll zubereiteten Frühstück, sondern auch mit einem besonders schönen Blumenstrauß überraschen lassen. Ein reizvolles Gebinde aus hellen, zarten Seidenblumen, geschmückt mit einem Herzchenband, wird sie noch lange nach diesem Tag erfreuen. Die Farben passen zum Frühling und schaffen eine heitere Atmosphäre.

Auch ein Strauß aus zarten, gelben Rosen, die von blauen Vergißmeinnicht, dem traditionellen Blütensymbol für Liebe und Treue, eingerahmt sind, ist ein reizender Blumengruß zum Muttertag. Dazu können Sie gut veredelte Gänseblümchen — auch Bellis, Maßliebchen oder Tausendschön genannt — arrangieren. Über solch einen farbenfrohen Strauß wird sich jede Mutter freuen und ihn gern als Dankeschön und Zeichen inniger Verbundenheit annehmen. Natürlich sollten Sie nach Möglichkeit immer auch die Lieblingsblumen und -farben der Beschenkten berücksichtigen und diese geschickt in den Strauß einbringen — dadurch erhält der Strauß eine persönliche Note und beweist, daß der Schenkende sich Mühe gegeben hat. Und welche Mutter läßt sich nicht gern mit solch einer netten Geste verwöhnen.

Übrigens: Der Muttertag ist in den USA entstanden. Erst später ist dieser Brauch nach Deutschland gekommen und wird seitdem am zweiten Sonntag im Mai begangen.

Geburtstagssträuße

Kinder lieben Überraschungen. Binden Sie in einen fröhlichen, bunten Strauß doch einmal Süßigkeiten mit ein. Der Erfolg ist Ihnen sicher. Dazu nehmen Sie entweder Dauerlutscher mit langen Stielen oder binden einzeln verpackte Bonbons mit Blumendraht fest. Selbst ein Geldschein läßt sich zur Bereicherung des Taschengeldes zu einer ganz bestimmt willkommenen Rose ins Gesteck arrangieren.

Geburtstage animieren auch zum Studium des Horoskops. Schenken Sie doch einmal einen Geburtstagsstrauß, der mit dem passenden Sternzeichen geschmückt ist. Dieser in Gelb, Blau und Weiß gehaltene Strauß ist mit einem Schmuckband mit Horoskopsymbolen verziert. Ein Horoskopkärtchen im Strauß verrät dem Jubilar die Zukunftserwartungen.

Sommer

Der Sommer schwelgt in einem Blüten- und Farbenrausch. Die Palette reicht von den zarten Pastelltönen der Gladiolen bis hin zu den kräftigen Farben der Mohn- und Kornblumen. Die gesamte Natur steht in voller Blüte – diese sommerliche Stimmung können Sie sich durch selbstgefertigten Wohnschmuck ins Haus holen!

Hortensienblüten

Auch wenn es in den letzten Jahren so aussah, als wären die üppig blühenden Hortensien völlig aus der Mode gekommen, so kann momentan von einer Renaissance gesprochen werden. Rosa und Weiß sind die Ursprungsfarben. Wer jedoch blaue Hortensien haben möchte, gibt gleich bei der Pflanzung Aluminiumsalze (Ammoniak-Alaun), die es in der Drogerie zu kaufen gibt, mit in den Blumentopf hinein. Später wird dann sporadisch mit einer Ammoniak - Alaun - Lösung (3 Gramm auf 1 Liter Wasser) gegossen. Mit ihren attraktiven Blättern und ihren schönen Blüten ist die Hortensie ein reizvoller Blickfang auf jeder Fensterbank.

Topfrosen

Stellen Sie doch einmal zur Abwechslung Rosen nicht nur als Schnittblumen in die Vase, sondern pflanzen Sie sie komplett mit Wurzeln ein. Wenn Sie dann mehrere Töpfe dicht zusammenstellen, entsteht der Eindruck eines üppig blühenden Rosengartens.

Kräutertuff

Auch der sommerliche Kräutergarten bietet viele Möglichkeiten, attraktiven Wandschmuck für die Küche zu gestalten. Dazu schneiden Sie zum Beispiel Selleriegrün, Zitronenmelisse, glatte und krause Petersilie, Knoblauch und Dill in unterschiedlichen Längen ab und bündeln sie zu einem nach der Größe gestaffelten Strauß.
Um dieses Arrangement zu gestalten, binden Sie den Tuff nicht rund, sondern gestaffelt. Dazu legen Sie auf das lang geschnittene Selleriegrün zunächst die Zitronenmelisse und ordnen die übrigen Kräuter der Länge nach an.

Lindenblüten

Lindenbäume können zu sehr stattlichen Bäumen heranwachsen. Es ist möglich, daß sie an Standorten mit günstigen Bedingungen über 600 Jahre alt werden und ihre Kronen einen Umfang von mehr als 15 Metern erreichen. Holen Sie sich im Frühsommer doch einmal einige Lindenzweige ins Haus, denn ihre Blüten duften angenehm nach Honig. Mit den herzförmigen Blättern der Sommerlinde und den dunkel- bis bläulichgrünen der Winterlinde läßt sich leicht ein dekorativer Strauß anfertigen. Durch die hellgelbe Farbe der Blütendolden erhalten Sie einen schönen Farbkontrast.

Farbenfrohes Sommergesteck

Gestecke aus Blumen und Pflanzen bieten eine reiche Vielfalt an Gestaltungsmöglichkeiten. Einen reizvollen Effekt erzielen Sie, wenn Sie Blumen und passendes Beiwerk auf verschiedenen Ebenen arrangieren. Mit Sonnenblumen als den typischen Sommerpflanzen können Sie dabei fröhliche Farbtupfer in das Grün von Blatt und Beiwerk setzen.

Sommerlicher Rosenkranz

Wenn die Rosen in voller Blüte stehen, eignen sie sich ideal für die Verarbeitung zu einem dekorativen Kranz, der nicht nur bei festlichen Anlässen einen Tisch schön schmücken kann, sondern auch im Alltag das Auge erfreut. Verwenden Sie für den Unterbau einen Steckkranz oder Steckmasse, wie wir sie auf Seite 8 bereits beschrieben haben.

Eine originelle Variante erhalten Sie, wenn Sie den Kranz halbieren und die zwei Hälften in S-Form aneinanderlegen.

Wenn Sie mehrere Kränze in dieser Form hintereinander anordnen, entsteht eine attraktive Girlande, die hervorragend als Schmuck für lange Tische geeignet ist. Um einen schönen Abschluß zu erzielen, sollten Sie den Anfang und das Ende dieser Kranzgirlande ebenfalls mit Blumen dekorieren.

Beginnen Sie beim Stecken dieser recht asymmetrischen Form immer mit der Blume, die den höchsten Punkt markiert. Dann werden die seitlichen Pflanzen dazugesetzt. Innerhalb dieses Rahmens stecken Sie nun, vom oberen Punkt nach unten arbeitend, Blüten und Blattwerk zu einem gleichmäßigen Gesteck.

Rosen im Wasser

Der verführerische Duft der Rosen gehört zur sommerlichen Jahreszeit. Eine interessante Möglichkeit, Rosen einmal anders als Tischschmuck zu gestalten, bietet dieses Arrangement: Schneiden Sie einige voll entfaltete Rosenblüten ab und legen Sie diese in eine Schale mit Wasser. Sehr schöne, größere Köpfe kommen gut zur Geltung, wenn Sie sie einzeln in kleine Schälchen legen und diese um die große Schale gruppieren.

Eine weitere Variante, Rosen sehr originell zu arrangieren: Stecken Sie nicht die Stiele ins Wasser, sondern nur die Blütenköpfe. Die Blumen sind dann zwar nicht sehr lange haltbar, aber vom Anblick her äußerst attraktiv.

Äpfel und Ähren

Ein hübsches Gesteck aus Äpfeln und Ähren weckt auch den Appetit. Sie sollten es nicht zu groß gestalten, so daß Sie es auch als Tischdekoration verwenden können.

Nehmen Sie einen nicht zu flachen Topf oder eine Schale, die oben eine möglichst breite Öffnung haben. Ein Stück Maschendraht wird passend, das heißt etwas größer als die Öffnung, zurechtgeschnitten und auf die Öffnung gelegt. Anschließend werden die überstehenden Ränder um den Topfrand gebogen.

Nun wird der Topf mit Wasser gefüllt. Bevor Sie die ausgewählten Blumen und Früchte arrangieren, werden die Früchte auf Schaschlikspieße aus Holz gesteckt. Nehmen Sie hierfür auf keinen Fall Metallspieße, denn dann bekommen die Früchte dunkle Stellen und können später auch nicht mehr verzehrt werden.

Fuchsienbäumchen

Aufgrund ihrer prächtigen hängenden Blüten zählen Fuchsien zu unseren beliebtesten Topfpflanzen. Sogar der Blütenkelch ist bei diesen Pflanzen farbig und hat meist einen anderen Ton als die Blütenkrone.
Nicht ganz preiswert, aber besonders schön anzusehen, sind die Fuchsienbäumchen. Sie erfordern einen hellen Standort, sollten mäßig gegossen und regelmäßig mit kalkfreiem Wasser besprüht werden.
Achten Sie aber bei der Wahl des Standortes auf alle Fälle darauf, daß die Bäumchen nicht im Wind stehen, denn in der Zugluft gedeihen sie nur schlecht.
Übrigens: Fuchsien sind auch hervorragend als Balkonbepflanzung geeignet.

Variation

Ist Ihnen bei einem Fuchsienbäumchen die einfache Erdoberfläche im Topf zu langweilig, verschönern Sie sie doch durch eine zusätzliche Unterbepflanzung. Als »Bodendecker« eignen sich neben Moos auch Fleißige Lieschen, Bubiköpfe und andere kleinblättrige Grünpflanzen. Diese »Bodendecker« setzen Sie am besten nur mit Topf in die Erde des Bäumchens ein. Sobald dieser zusätzliche Schmuck seine Frische verloren hat oder nicht mehr gefällt, kann er auf diese Weise leicht ausgetauscht werden.

Mittsommernacht

Mittsommernacht und Romantik – das sind die Assoziationen, die dieses schöne, stimmungsvolle Arrangement mit seiner faszinierenden Ausstrahlung beim Betrachter hervorruft.
Mit seinem gedämpften Licht erinnert es uns an die Länder des hohen Nordens, in denen es in den Sommermonaten nie richtig dunkel wird. Im Laufe der Zeit hat sich der Lebensrhythmus von Mensch, Pflanze und Tier diesen besonderen Lichtverhältnissen angepaßt.
Am wirkungsvollsten ist es, wenn Sie Blumensorten in möglichst vielen Farben auswählen. Um dieses Arrangement anzufertigen, können Sie fast alle Sommerblumen verwenden.

Als zusätzliches Accessoire können Sie beispielsweise ein duftiges Tuch nehmen, das die Illusion eines Nordlichts hervorrufen soll. Eine Schale mit Schwimmkerzen, farbig auf die Blumen abgestimmt, ist das »Gegenlicht« dieser Mittsommernacht.

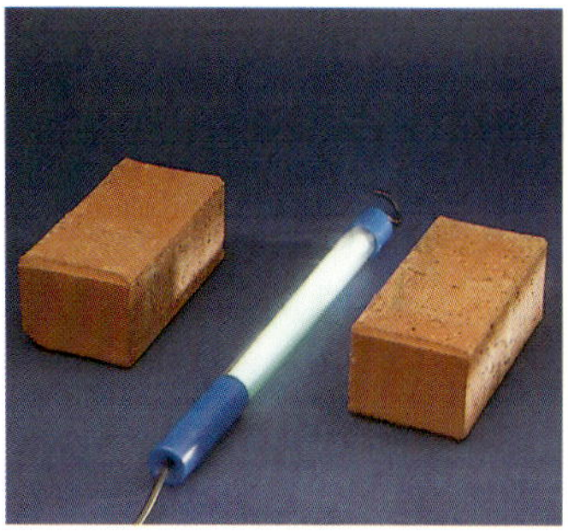

Setzen Sie eine Glasplatte auf zwei gleichhohe Ziegelsteine und bedecken diese Platte mit gelbem Seidenpapier. Darunter installieren Sie vorher eine Glasleuchte.

Herbst

Die kürzer werdenden Tage zeigen uns an, daß das Jahr seinen Höhepunkt überschritten hat. Nun herrschen die kräftigen und warmen Farbtöne in der Natur vor. Der Herbst ist auch die ideale Jahreszeit, Blumen und Pflanzen zum Trocknen vorzubereiten, die sich später zu dekorativen Sträußen, Gestecken und Kränzen verarbeiten lassen.

Asternstrauß

Astern sind typische Herbstpflanzen und die wohl bekanntesten Blumen dieser Jahreszeit.
Inzwischen gibt es Astern in sehr vielen Farben. Ob in verschiedenen Rottönen, in einem leuchtenden Lila oder einem tiefen Violett strahlend – immer bieten die Astern einen reizvollen Anblick. Mit diesen satten, vollen Farbtönen verabschiedet sich der Herbst und leitet über zu den eher dunklen Farben des Winters.

Einen sehr schönen Herbststrauß erhalten Sie, wenn Sie verschiedene Asternarten einmal mit heimischen Gräsern und herbstlichem Blattwerk kombinieren. Die Asternblüten in ihren kräftigen Farben und charakteristischen Formen kommen gerade im Kontrast besonders gut zur Geltung.

Dahlienschale

In alten Liedern heißt diese Blume »Georgine«, die uns allen besser als Dahlie bekannt ist. Benannt wurde diese Pflanze nach dem schwedischen Botaniker Dahl.
Einige Blütenköpfe verschiedener Dahlien-Arten in eine flache, mit Wasser gefüllte Schale gesetzt, zeigen, daß gerade auch die herbstliche Jahreszeit attraktives Material für phantasievollen Blumenschmuck bietet.
Diesem farbenfrohen Gesteck gebührt ein besonderer Platz: Rücken Sie es ins »rechte Licht«, damit seine leuchtenden Farben auch am wirkungsvollsten zur Geltung kommen.

Teekräuter

Pfefferminze, Kamille und Kümmel sind drei Teekräuter, die aus dem Bauerngarten stammen. Im Herbst gesammelt, gebündelt und zum Trocknen aufgehängt, bieten sie einen hübschen Blickfang in der Wohnung – erst recht in der Nachbarschaft bunter Trockenblumen – und verbreiten ihren angenehmen Duft. Und im Winter, wenn sie als Tee aufgebrüht werden, sorgen sie für Ihr Wohlbefinden.
Kräuter sollten Sie übrigens möglichst am Vormittag sammeln, wenn die Sonne den Tau bereits getrocknet hat. Die Trockenplätze müssen luftig, schattig und natürlich trocken sein.

Kugelbäumchen

Basteln Sie sich doch einmal an einem langen Herbstwochenende einen Kugelbaum, denn diese sind nach wie vor sehr beliebt.
Sie benötigen dazu einen Topf, einen Holzstab, der in der Länge, also der späteren Höhe des Baumes, gut zum Durchmesser des Topfes paßt, Gips, eine Hartschaumkugel, Steckdrähte und reichlich Trockenblumen.
Bevor Sie mit dem Stecken beginnen, rühren Sie den Gips an, gießen ihn in den Topf und setzen den Holzstab hinein. Während der Gips trocknet, schneiden Sie zunächst die Trockenblumen auf die richtige Länge und drahten sie, falls nötig, an.

Nachdem Sie die Hartschaumkugel auf den Stab gesetzt haben, beginnen Sie mit dem Stecken der Blumen. Die größte Wirkung erzielen Sie, wenn Sie die Pflanzen bündelweise und nicht als Einzelpflanzen auf die Kugel setzen. Beginnen Sie jeweils mit den kürzesten Blumen und stecken Sie immer erst einen Bereich aus. Füllende Gräser und das Beiwerk werden hierbei erst ganz zum Schluß eingefügt. Wenn Sie diese wenigen Prinzipien berücksichtigen, können Sie Ihrer Phantasie bei der Gestaltung eines solchen selbstgemachten Kugelbäumchens freien Lauf lassen.
In allen Jahreszeiten und zu vielen Anlässen läßt sich geeignetes Material finden, mit dem Sie ihr Kunstwerk am Ende geschmackvoll abrunden können.

Eichenzweige

Schlicht in seiner Wirkung, aber sehr beeindruckend ist ein Strauß aus Eichenzweigen. Noch heute ist die Eiche ein Symbol für Kraft und Zähigkeit. In einer einfachen Bodenvase kommen die Zweige dieses beliebten Baumes mit ihren tief eingebuchteten Blättern am besten zur Geltung.

Herbstlicher Trockenstrauß

Gestalten Sie doch einmal einen herbstlichen Trockenstrauß in frischen Grün- und Weißtönen. Schon im Frühjahr können Sie beginnen, grüne und weiße Blüten und Blumen zu sammeln, damit Sie schließlich in der vorwinterlichen Jahreszeit genügend Material für Ihren Trokkenblumenschmuck zur Verfügung haben.

Die getrockneten Blumen werden dann büschelweise zusammengefaßt und zu einem hübschen Arrangement gebunden.

Wußten Sie schon, daß das Grün der Spargelpflanze, von der wir ja bekanntlich nur die Wurzelstöcke verzehren, sehr dekorativ ist? Es eignet sich hervorragend, um Trokkensträuße aufzulockern und um ihnen mehr Volumen zu verleihen.

Übrigens: Bei Strohblumen sollten Sie immer darauf achten, daß sie vor dem Aufblühen geschnitten und getrocknet werden, denn sonst können die Blüten und Köpfe zu leicht abfallen.

Leuchtender Herbstkorb

Gräser, Früchte und Trokkenblumen sind in diesem Korb zu einer harmonischen Einheit arrangiert. Die vorherrschenden Farben Gelb, Kupfer und Braun lassen die Töne der Früchte erst richtig zur Geltung kommen.
Für diesen dekorativen Herbstkorb müssen Sie nicht

unbedingt nur die Blumen nehmen, die Sie am Wegesrand finden können. Greifen Sie ruhig auf das oft sehr reichhaltige Angebot zurück, das Ihnen in Blumenfachgeschäften oder auch auf dem Wochenmarkt zur Verfügung steht.
Auch schöne Rispen, große Blätter, gelbe Schafgarbe und hübsche Gräser oder Distelköpfe mit Blattwerk eignen sich hervorragend, um mit solch einem selbstgestalteten Gesteck herbstliche Stimmung auszustrahlen.

Blumen, die nie verblühen

Im Herbst beginnt die große Zeit der Trockenblumen. Ob bei einem Spaziergang durch Wald und Feld gepflückt oder auf dem Wochenmarkt gekauft, es gibt zahlreiche Gelegenheiten, Blumen, Gräser und auch Fruchtstände zu sammeln. Der September ist die ideale Zeit, Pflanzen zum Trocknen aufzuhängen. Wenn Sie Kornähren als Ergänzung wünschen, müssen Sie diese natürlich vor der Ernte heimtragen.

Trockensträuße kommen am besten zur Geltung, wenn man sie in schlichten Krügen oder Körben arrangiert. Nehmen Sie zum Beispiel einen flachen Korb, kleiden ihn mit Folie aus und füllen ihn mit Sand. Dann stecken Sie, von innen nach außen arbeitend, Stengel an Stengel dicht an dicht und füllen anschließend die Löcher mit Gräsern oder Schleierkraut aus.
Übrigens: Ehe Sie Ihren nie verblühenden Schmuck verwenden, haben Sie schon viel Freude an den Sträußen, wenn sie an der Wand oder auf dem Balkon zum Trocknen hängen.

Geburtstags-sträuße

Dieser sehr ansprechende Strauß strahlt Heiterkeit und Frohsinn aus. Durch eine Biedermeiermanschette erhält das Gebinde eine elegante Note. Ob Prüfungskandidat, Geburtstagskind oder Jubilar – jeder Beschenkte wird an dem Strauß seine große Freude haben.

Mit diesem freundlichen Blumenstrauß können Sie – gerade auch im Winter – dem Geburtstagskind den grauen Alltag ein wenig aufhellen. Die Farbe Gold läßt den Strauß besonders edel wirken. Die glänzenden Kugeln, die vergoldeten Zweige und die vielen kleinen Geschenke machen ihn zu einer kleinen Kostbarkeit. Wer würde sich nicht über solch einen Strauß freuen!? Und ein geeigneter Platz findet sich dafür in jeder Wohnung.

Winter

Der Winter ist nicht nur mit Begriffen wie Kälte, Eis und Schnee verbunden, auch Tannenduft, Behaglichkeit und Weihnachtsstimmung sind typisch für diese Jahreszeit. Die langen Abende im gemütlichen Familien- oder Freundeskreis laden zum gemeinsamen Basteln und Gestalten von winterlichem Schmuck ein.

Grüne Inseln

Eine sehr behagliche Atmosphäre zaubern Sie, indem Sie sich »grüne Inseln« mitten im Zimmer schaffen. Sie können mit nur drei oder vier Gläsern beginnen: Im Gegensatz zu einer echten Insel können Sie diese bei sich zu Hause aufbauen.
Grüne Wasserpflanzen, die Sie im Zoogeschäft erhalten, wirken in durchsichtigen Behältern immer frisch und freundlich. Als bunte Farbtupfer können Sie Blüten oder Blütenblätter mit in das Glas geben. Ihre Haltbarkeit beträgt im Wasser etwa zwei bis drei Wochen. Bedenken Sie bei der Wahl des Standortes, daß die Pflanzenbehälter nicht zu hell stehen dürfen, da direkte Sonneneinstrahlung die Algenbildung fördert und das Wasser schnell trüb werden läßt. Auch muß immer für ausreichend Wasser gesorgt sein, damit Ihre »grünen Inseln« möglichst lange frisch aussehen.

Bedecken Sie die Böden der Gläser mit Kieseln oder dikkeren Steinen. Sie geben den Pflanzen Halt und wirken außerdem sehr attraktiv.

Die Pflanzen werden vorsichtig in den Kies gesetzt. Dabei ist darauf zu achten, daß die Wurzeln möglichst nicht beschädigt werden.

Zur Abrundung des Bildes setzen Sie eine farbige Blüte in das Glas.

Fragen Sie im Zoogeschäft auch einmal nach flüssigem Torf. Er wird in Flaschen zu 100 ccm angeboten. Durch die Zugabe von 10 Tropfen pro Woche fördern Sie das Pflanzenwachstum und verhindern auf natürliche Weise die Algenbildung. Lassen Sie sich bei der Auswahl der Pflanzen von Fachleuten beraten, denn auch Wasserpflanzen haben ihre Eigenheiten bezüglich Pflege, Vermehrung, Teilung und Kombinationsmöglichkeiten mit anderen Pflanzen.
Solche Wassergläser sind übrigens auch originelle Geschenke für jeden, der seine Wohnung mit neuen Grünpflanzen dekorieren möchte. Sie sind vor allem auch sehr leicht zu pflegen.
Es gibt sie in vielen Formen und Größen, die schön zu den natürlichen Formen zum Beispiel von schlanken oder flächigen Blättern abzustimmen sind.

Weihnachtssterne

Wußten Sie eigentlich, daß die roten »Blüten« des Weihnachtssternes keine Blüten, sondern Hochblätter sind, die mit der Zeit ihre rote Farbe verlieren? Die unscheinbaren, kaum erkennbaren Blütenstände sitzen innerhalb dieses roten Kreises.
Wenn Sie diese dekorative Pflanze besonders festlich aussehen lassen wollen, setzen Sie weiße Schleifen zwischen die Blätter.

Tannenschale

Eine reizvolle Alternative zu traditionellen Weihnachtsgestecken ist zum Beispiel diese Tannenschale. Füllen Sie eine flache Schale mit Sand, feuchten diesen an und setzen die auf das rechte Maß zurechtgestutzten Tannenzweige möglichst eng nebeneinander hinein. Mit roten Kugeln und Herzen dekoriert, wird dieser stimmungsvolle Weihnachtsschmuck zu einem attraktiven Blickfang im Flur, im Treppenhaus oder auch auf der Fensterbank. Er hält sich gerade dort, wo die Temperaturen nicht so hoch sind wie im beheizten Wohnzimmer, besonders lange und übersteht so ausgezeichnet die Adventswochen und die Weihnachtszeit.
Statt der Schale können Sie auch eine Gemüsekiste aus Holz nehmen. Diese kleiden Sie mit Folie aus und füllen dann Sand hinein. Anschließend wird die Kiste mit rotem Kreppapier umwickelt.

Zimt, Lavendel und eine kleine Prise Gold

Als Mitbringsel bei einer Einladung oder als kleines Geschenk für zwischendurch: Diese Bündel aus getrockneten Blumen, Gräsern und Gewürzen wirken äußerst dekorativ. Sie sind mit Messingdraht umwickelt und mit Schleifen und Schmetterlingen aus Metall geschmückt. Solch einen Blumenschmuck können Sie auch hervorragend als Tischdekoration verwenden.

Die Zimtstangen erhalten Sie in Lebensmittelgeschäften, Messingdraht und Schmetterlinge in Bastelgeschäften.

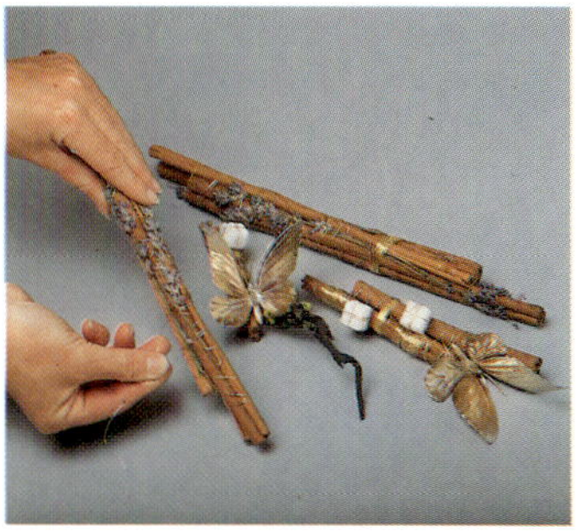

Binden Sie zu den Zimtstangen auch andere, selbst getrocknete Kräuter. Achten Sie dann nur darauf, daß sich die Gerüche ergänzen und nicht gegenseitig überdekken, wie zum Beispiel der intensive Geruch des Thymian den sehr feinen Duft der Zimtstange.

Was immer Ihnen dazu einfällt, hier können Sie mit sehr unterschiedlichen Formen überaus lebendig und abwechslungsreich gestalten.

Äpfel im Advent

Ein etwas ungewöhnlicher »Adventskranz«, der zwar nicht sehr lange hält, dafür aber umso appetitlicher aussieht: Schichten Sie rotbackige Äpfel aufeinander — zunächst die großen nach unten, dann die kleinen nach oben. Dazwischen setzen Sie einige grüne Blätter — und fertig ist das duftende Arrangement. Dieser fruchtige »Adventskranz« kommt ganz ohne Kerzen aus. Erstens fänden die Kerzen in den Äpfeln nicht genügend Halt, und zweitens würden die Äpfel durch herabtropfendes Wachs verkleben.

Zederngesteck

Auch Weihnachtsgestecke lassen sich in vielen Varianten gestalten: Zedernzweige in ihrer eher dezenten Farbe zum Beispiel wirken sehr reizvoll, wenn Sie sie mit blauen Kerzen, blauem Band und Glaskugeln kombinieren.

Je nach Größe der vorhandenen Zedernzweige überziehen Sie die Steckmasse mit einer Schicht Maschendraht, um damit eine größere Standsicherheit der Zweige zu erreichen.

Setzen Sie zuerst die Kerzen ein. Davon ausgehend arrangieren Sie die Accessoires.

Adventskranz für Kinder

Dieser Adventsschmuck ist Kranz und Kalender in einem – und das sogar gleich für zwei Kinder! Damit kann es ganz sicher keinen Streit geben, wer an welchem Tag an der Reihe ist. Am Tannenkranz hängen jeweils 24 selbstgemachte kleine Spitztüten in den Farben Rot und Blau. So hat jedes Kind seine eigene Farbe, und Verwechslungen sind ausgeschlossen.

Die Spitztüten fertigen Sie in der gewünschten Größe aus Tonpapier. Wenn Sie die Tüten nicht ganz so stabil haben möchten, verwenden Sie festeres Geschenkpapier.

Bevor Sie die Viertelkreise zur Tüte drehen, kleben Sie das Seidenpapier an den oberen Rand.

Weihnachtsfenster

Wenn Sie in diesem Jahr mit wenig Aufwand viel Stimmung zaubern möchten, schmücken Sie einmal Ihr Fenster mit solch einem Kranz. Was es im Winter an immergrünen Pflanzen gibt, wird zu einem weihnachtlichen Kranz gebunden und mit Kugeln und vielerlei Schmuck besteckt.

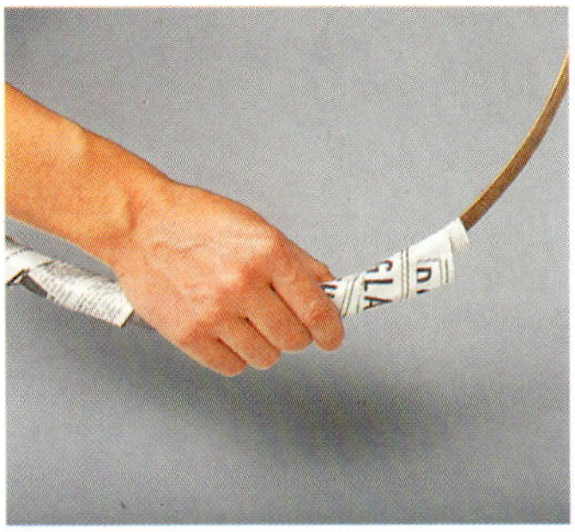

Besorgen Sie sich einen in der Größe passenden Holzring im Bastelgeschäft. Damit der Unterbau fülliger wird, umwickeln Sie den Ring mit Zeitungspapier, das vorher in schmale Streifen gefaltet wurde.

Zum Wickeln des Kranzes befestigen Sie zunächst etwas Blumendraht am Ring. Jeweils drei bis vier Tannenabschnitte werden nun gebündelt auf den Ring gelegt und mit dem Draht umwickelt. Weitere Bündel werden befestigt, bis der Ring rundherum gebunden ist. Schuppenförmig schließen sich die nächsten Reihen an.

Glücksstrauß

Dieser Strauß soll dem Beschenkten symbolisch Glück für das neue Jahr wünschen. Mit vielen Wunderkerzen und Pilzchen aus dem Bastelgeschäft dekoriert, wird der Rosenstrauß zu einem originellen Neujahrsstrauß.
Die kurzstieligen Blumen und das Beiwerk werden angedrahtet, damit sie in dem Strauß Halt finden. Dazu biegen Sie einen dünnen Blumendraht zu einem Drittel um, setzen ihn vor das Stengelende und wickeln das längere Stück um das kurze Ende und den Stengel.